강서구 옛이야기밥

명지도와 공민왕 어필

강서구 옛이야기밥

명지도와 공민왕 어필

박혜자 글
이유진 그림

作가의 말

　강서는 오래전 바다였어요. 모래가 쌓인 땅에 갈대가 자라고 매립으로 땅이 점점 넓어져 산, 들, 강, 바다를 품게 되었지요.
　명지도에는 땔감인 갈대가 있고 바닷물이 있어서 소금밭을 만들기에 좋았답니다. 낙동강이 있어 소금을 운반하기 좋았고요.
　명지염전에서 바닷물을 끓여 생산한 자염은 낙동강을 타고 영남일대의 밥상을 책임졌지요. 그러다 천일염에 밀려 자염이 사라지면서 명지염전이 없어졌답니다. 염전이 있던 자리를 대파가 차지했어요. 지금은 대파가 있던 자리를 신도시가 차지했고요.

    강서는 땅이 넓은 만큼 사연도 많았답니다. 그 사연들이 흔적과 함께 이야기로 전해져 왔지요. 그런데 산업단지가 생기고 신도시가 건설되면서 흔적은 사라지고 이야기만 남았어요.
    그나마 남은 이야기도 시간이 지나자 희미해져 갔어요. 그래서 이야기를 살리려고 불씨를 지피기로 했답니다.
    심지에 불씨를 지피자 이야기가 조금씩 피어나면서 소곤거리기 시작했어요. 강서의 이야기 불씨가 다른 마을로 옮겨붙어 많은 이야기가 서로 속닥속닥하면 참 좋겠어요.

2023년 1월, 박혜자

차례

작가의 말　4

내 복에 산다　　　　　　　　　　8
장님과 앉은뱅이 형제　　　　　　22
풍상산과 백 살 할머니　　　　　　36
순아도와 처녀골　　　　　　　　　48

명지도와 공민왕 어필　　　　　　60
네 장군 바위　　　　　　　　　　72
산신령이 도운 효자　　　　　　　84
일곱 갯바위 칠점산　　　　　　　96

송정 마을 이야기

옛날은 옛날인데
그리 오래된 옛날은 아닌 좀 옛날에,
딸만 넷을 둔 부자가 송정고을에 살았어.
부자는 딸을 끔찍이 사랑했고
딸들도 아버지를 끔찍이 사랑했지.

"아들 하나만 있으면 소원이 없겠어."

부자의 아내가 먼 하늘을 보며 한숨을 쉬었어.

"나는 우리 네 딸을 열 아들과도 바꾸기 싫소. 열 아들 가진 자가 우리 네 딸을 부러워할 날이 올 테니 다시는 그런 섭섭한 말을 마시오."

부자가 단호하게 말하며 아내의 말문을 막았어. 부자는 네 딸을 열 아들 못지않게 귀하게 키웠대. 부자는 딸들을 사랑했고 딸들도 아버지를 사랑했지.

귓불을 스치는 바람이 기분 좋게 부는 날이었어. 부자는 밥상을 물리고 딸들과 도란도란 이야기를 나누며 떡이며 식혜를 먹었어.

"나처럼 행복한 사람은 없을 거야."

부자는 흐뭇한 미소를 지었어.

"아버지, 이 떡 좀 드세요."

첫째 딸이 떡을 권하자 부자는 기분이 좋아 코를 벌름거리며 미소를 지었어.

"아버지, 식혜도 좀 드세요."

부자는 둘째 딸이 권하는 식혜를 마시며 연신 미소를 지었지.

"시집가지 말고 이 애비랑 같이 살자. 너희들이랑 평생 이렇게 살면 좋겠구나."
"예, 아버지."

부자의 말에 세 딸이 동시에 대답을 하는데 넷째 딸만은 고개를 숙이고 대답을 하지 않는 거야. 부자는 못마땅한 얼굴로 넷째 딸을 바라보았지.

다음 날 아침 밥상을 물린 부자는 여느 날과 다름없이 네 딸과 함께 떡이며 식혜를 먹었지.

"너희들은 참 복도 많다. 나처럼 부자 아버지를 만나 부모덕에 편하게 사니 말이다. 첫째 너는 누구 덕에 먹고 사는 것 같으냐?"

"저는 아버지 덕에 잘 먹고 잘 입고 잘 삽니다."

큰딸이 생글생글 웃으며 대답했어.

"얼씨구나! 역시 내 딸이다."

부자는 아주 기뻐했지.

"저도 아버지 덕에 먹고 삽니다. 정말 고맙습니다."

둘째 딸이 감사의 마음을 담아 고개를 조아렸어. 셋째 딸도 감사의 마음을 전했어.

"복남아, 넌 누구 덕에 사느냐?"

부자가 막내딸에게 물었지.

"저는 제 복에 먹고 삽니다."

복남이가 생글생글 웃으며 말했어.

"누구 덕에 산다고?"

부자는 잘못 들었나 싶어 다시 물었지. 시집 안 가고 아버지랑 평생 살기는 싫어서 대답을 안 했지만 잘 먹고 잘사는 건 아버지 덕이라고 할 줄 알았거든.

"네, 제 복에 먹고 삽니다."

막내딸이 또 똑같은 대답을 했어. 부자는 주먹을 쥐고 부들부들 떨었어. 배신도 이런 배신이 없다고 생각했지. 낳아서 애지중지 먹이고 입히고 재워주었더니 아버지의 덕이 아니라 제 복에 산다니 왜 안 그랬겠어. 부자는 노여움을 이기지 못하고 펄펄 뛰었어.

"네가 잘 사는 건 아버지 덕이지 어떻게 네 덕이니? 어서 아버지 덕이라고 말씀드려."
"어서 잘못했다고 빌어."

언니들이 재촉했지만 복남이는 끝끝내 자기 복에 산다고 하지 뭐야. 부자는 화가 머리끝까지 오르다 못해 뒤로 넘어갈 지경이었어. 부자는 네 딸이 열 아들 부럽지 않다고 했던 말을 처음으로 후회했어.
막내딸이라고 오냐오냐 귀하게 키워 부모에 대한 고마움을 모르나, 그래서 버르장머리가 없나, 부자는 온갖 생각이 다 났어.

"이 고집불통 같은 것아! 언니들처럼 이 애비가 듣고 싶은 말을 하면 혀가 빠지니, 이가 썩니? 시집 안 가고 애비랑 산다고 해도 애비가 좋은 혼처 찾아서 시집을 보내 줄 것이고 이 애비 덕에 잘 산다고 하면 기뻐서 허허 웃고 말 건데. 그 말을 못 해주느냐. 애비 듣기 좋은 소리를 해 주면 하늘이 무너지니 땅이 꺼지니."

부자는 섭섭한 마음을 드러내며 소리쳤어.

"아버지, 복남이가 아버지의 고마운 마음을 모르고 날뛰니 혼을 내야 해요."

첫째 딸이 부자를 부추겼어.

"혼이 나야 해요. 아버지가 얼마나 고마운지 느끼게 해줘야 한다고요."

둘째 딸이 첫째 딸을 거들었어.

"비단옷을 벗고 누더기를 입어 봐야 아버지의 은혜를 알 거예요."

셋째 딸이 하인들이 입는 누더기를 복남이에게 던져 주었어. 부자는 복남이가 잘못했다고 싹싹 빌면서 제 언니들처럼 아버지 복에 삽니다, 할 줄 알았지. 그런데 복남이는 고개를 다소곳이 숙이고는 고운 옷을 벗고 누더기 같은 옷을 입지 뭐야. 예쁜 꽃신을 벗어놓고 다 떨어진 짚신도 신었어. 부자는 기가 막혀 뒤로 넘어갈 지경이었어.

"꼴도 보기 싫다. 당장 내 집에서 나가거라."

부자는 홧김에 고래고래 소리를 질렀어.

"아버지를 화나게 했다면 죄송합니다. 하지만 사람은 자기 복에 사는데 아버지를 기쁘게 하려고 거짓말을 할 수는 없습니다."

복남이가 엎드려 울면서 말했어.

"넌 이제 내 자식이 아니다. 당장 내 집에서 나가거라! 누구든 복남이를 집안으로 들이면 함께 쫓아낼 터이니 그리 알아!"

부자는 제정신이 아니었어. 말을 해 놓고도 자신이 무슨 말을 했는지 모를 정도였지.

"어서 가. 어서 가란 말이야."

이건 또 무슨 일인지. 언니들이 나서서 복남이를 대문 밖으로 쫓아내지 뭐야. 부자가 정신을 차리고 보니 복남이는 벌써 집을 떠나고 없었어.
복남이는 산을 넘고 들을 지나 걷고 또 걸었어. 갈대로 덮인 강을 지나자 좁다란 길이 나타났어. 다리가 아프면 바위에 걸터앉아 쉬고 배가 고프면 열매를 따 먹었어. 해가 어둑어둑해질 무렵 복남이는 산등성이를 넘고 있었지. 해가 지기 전에 산을 넘을 생각이었는데 산속에서 밤을 맞이했지 뭐야.
짐승 울음소리가 우우~ 들렸어. 호랑이 소리가 어흥! 하고 들리다가 이름 모를 산짐승 소리가 여기저기서 계속 들렸어. 등 뒤에서 호랑이가 달려들어 목덜미를 물어뜯을 것 같아 다리가 후들후들 떨렸어.

"짐승에게 잡아먹히는 것이 내 복인가? 그것이 내 복이라면 하는 수 없지."

복남이는 부모님이 계신 곳을 향하여 절을 올렸어. 마지막 절이라고 생각하니 눈물이 났지. 절을 하고 일어서는데 멀리서 불빛이 희미하게 보이는 거야.

'내 복이 죽을 복이면 지금 죽을 것이고 살 복이면 저 집에 가서 살겠지.'

복남이는 불빛이 새어 나오는 움막집을 향해 달려갔어. 문을 두드리니 움막 안에는 건장한 총각이 나왔어. 살 복이었던 모양이야. 총각은 숯을 구우며 어머니와 단둘이 살고 있었어. 복남이는 움막집에서 하루를 보내고 또 하루를 보냈어.

"갈 곳이 없으면 여기서 함께 사는 게 어떻겠수?"

총각 어머니가 복남이 손을 잡고 말했어. 얌전하고 솜씨 좋은 복남이와 총각을 짝지어 주고 싶었던 거지.

'누구든지 자기 복대로 사는 거지. 호랑이를 피해 여기로 온 것도 내 복이고 부지런하고 착한 총각과 혼인하는 것도 내 복이지. 숯을 구우며 사는 것이 내 복이라면 복이고 그게 아니라면 또 그것도 내 복이겠지.'

복남이는 착한 총각도 어머니도 마음에 들었어. 그래서 함께 살기로 했지.

"저도 당신과 함께 숯을 굽겠어요."
"당신은 집안일을 해요. 숯을 굽는 일은 험하고 힘들답니다."

남편이 된 총각이 말렸어. 오지 말란다고 안 갈 복남이가 아니지. 복남이는 남편을 따라 숯가마로 갔어.

"이, 이건!"

숯가마로 들어선 복남이는 놀란 입을 다물지 못했어.

"왜 그러시오. 뭐가 잘못 됐소?"

남편이 복남이를 보고 놀라서 물었지. 복남이는 가마 위를 덮은 구들장에서 눈을 뗄 수 없었어. 구들장이 전부 금덩이였거든.

"이, 이게 뭔 줄 아세요?"
"구들장 돌이잖소."

남편은 금덩이를 한 번도 본 적이 없어서 그것이 금덩이인 줄 알지 못했어. 금덩이를 돌덩이로 알고 구들장으로 쓰고 있었던 거지.

"숯을 팔지 말고 이걸 팔고 오세요."

복남이가 금덩이를 주웠지. 금덩이를 판 돈으로 논도 사고 밭도 사고 대궐 같은 기와집도 지었단다. 그런데 좋은 집에서 얼씨구나 살면 행복해야 하는데 가슴이 허전하고 외로웠어. 집과 부모님이 그리웠던 거지. 복남이는 부모님께 드릴 선물을 들고 고향 집으로 갔어.

"아버지! 어머니!"

복남이가 대문을 두드렸어.

"뉘시오? 뉘신데 여기서 아버지 어머니를 부르시오?"

대문을 열고 나온 사람은 낯선 사람이었어. 알고 보니 복남이가 떠나고 고을에 연달아 흉년이 들었대. 거기다 딸 셋을 시집보내고 나니 부자의 살림이 바람 빠진 풍선처럼 쪼그라들었다지 뭐야. 집은 다른 사람 손에 넘어가고 부자 내외는 거지 신세가 되어 고향을 떠났대.

복남이는 기가 막혔어. 부모님을 찾으려고 사방으로 수소문했지만 허사였어. 바람결에도 부모님의 소식은 들을 수 없었지. 복남이는 거지들에게 밥과 잠자리를 내 주었어. 자신이 거지들에게 베풀면 다른 누군가가 부모님에게 베풀 거라고 생각한 거지.

복남이는 제 이름을 부르며 대문을 들어서는 부모님을 상상하며 아버지 목소리를 흉내 내어 "복남아" 하고 제 이름을 불러봤지.

그런데 이상한 일이 일어났어. 대문을 여닫을 때마다 끼이익, 소리가 아니라 "복남아!" 하는 소리가 나는 거야. 복남이는 대문이 열릴 때마다 자신을 부르며 들어오는 거지들을 후하게 대접했어. 마치 자기 부모님처럼 말이야. 복남이 집으로 거지들이 모여들었어. 그 소문은 복남이 부모님 귀에도 들어갔지.

"밥 좀 주세요."

복남이 아버지가 앞장을 서고 복남이 어머니가 뒤에서 대문을 밀고 들어섰어.

"복남아!"

대문이 꿈에도 그리는 딸 이름을 불렀어. 복남이 부모님은 깜짝 놀랐지.

"복남아! 우리 복남아!"

복남이 어머니와 아버지가 딸을 부르며 울었어. 하인이 밥상을 차려

주었지만 복남이 부모님은 대문을 여닫으며 울기만 했지. 그 소리를 듣고 복남이가 나왔어.

"왜 남의 집 대문을 잡고 통곡하는가?"

복남이가 물었어.

"밥을 얻어먹으려고 왔는데 대문이 자꾸 우리 막내딸 이름을 불러서 막내딸 생각이 나서 웁니다."

복남이 어머니가 머리를 조아리며 말했어. 복남이가 가만히 들어보니 자기 어머니 목소리인 거야.

"어, 어머니!"
"누, 누구신데 저를!"

복남이 어머니가 고개를 들고 쳐다보니 꿈에도 그리던 막내딸이 자기 앞에 있는 거야.

"복남아! 내 딸아!"
"어머니! 아버지!"

복남이와 부모님은 서로 부둥켜안고 한참을 울었어. 복남이는 열두 대문 집에 부모님을 모시고 오래오래 행복하게 살았대.

장님과 앉은뱅이 형제

신명 마을 이야기

신명고을에 마흔이 넘도록
자식이 없는 부부가 있었어.
부부는 새벽 일찍 일어나 정화수를 떠 놓고
신령님께 기도를 올렸지.

"신령님! 소원입니다. 걷지 못해도 좋으니 자식 하나만 허락해 주십시오."

부부의 기도가 얼마나 간절하던지 신령님이 소원을 들어주기로 했어.

새싹이 파릇파릇 돋아나고 온 세상이 따뜻한 봄기운으로 가득 차던 날, 부인에게 태기가 있었어. 부부는 얼씨구나 좋다 지화자 좋다하며 덩실덩실 춤을 추었단다.

눈보라가 휘몰아치던 날, 부인은 예쁜 남자 아기를 낳았어. 눈이 초롱초롱하고 방긋방긋 잘 웃는 귀여운 아기였지.

"신령님, 예쁜 아기를 보내 주셔서 고맙습니다. 정말 고맙습니다."

부부는 높은 산으로 올라가 가장 깨끗한 물을 떠 놓고 신령님께 감사를 올렸어.
첫돌이 지났는데도 아기는 걸을 생각은커녕 앉을 생각도 하지 않는 거야. 어찌 된 영문인지 아기는 할 줄 안다는 게 배냇짓뿐이지 뭐야. 두 돌이 지나서야 겨우 앉더니 설 생각을 안 하는 거야. 다른 집 부모 같았으면 걱정이 늘어졌겠지. 하지만 부부는 걱정하지 않았어.
아기는 눈에 보이는 것은 그림을 그려내듯이 설명을 잘했어. 참으로 신통했지.

"신통도 해라."

그래서 이름을 신통이라고 지었어.
연이어 둘째 아이를 낳았어. 둘째는 보지는 못하지만 힘은 장사였어. 힘센 장정 두 명이 겨우 드는 바위도 거뜬히 들어 올렸지. 손재주는 얼마나 좋은지 설명만 해주면 직접 본 것처럼 멋지게 만들어냈지.

"방통도 해라."

그래서 이름을 방통이라고 지었어.
신통이와 방통이는 따로 떨어져 있을 때면 볼 수도 걸을 수도 없었지만 둘이 함께 있으면 어떤 것이라도 할 수 있었어. 둘은 한 몸처럼 붙어 다니며 부모님과 농사를 지으며 살았어. 얼마나 부지런했는지 농사는 해마다 풍년이었대.
세월이 흘러 부모님이 돌아가시고 신통이와 방통이만 남았어.

"걷지 못한다고 세상 구경 다니지 말란 법 있어?"
"없지."

신통이의 말에 방통이가 대답했어.

"보이지 않는다고 세상 구경 못하란 법 있어?"
"없지."

방통이의 말에 신통이가 대답했어.

"떠나자."

신통이와 방통이는 세상 구경을 떠나기로 했어. 힘 좋은 방통이가 신통이를 업었어. 신통이가 본 것을 그림처럼 설명하면 방통이는 풍경을 머리에 그려 감상했지. 신통이의 설명이 얼마나 기가 막혔는지 방통이는 직접 본 거나 다름없었대.

"정말 안 됐다. 걸을 수 없다니!"

사람들이 안쓰럽게 여기면

"동생과 저는 한 몸이에요. 동생의 다리는 제 다리이기도 한걸요." 하고

"앞을 볼 수 없으니 얼마나 답답할까?" 하면

"형과 저는 한 몸이에요. 형의 눈은 제 눈이기도 한걸요." 했지.

사람들은 형세를 불쌍하게 여겼지만 형제는 자신들의 처지를 불쌍하게 여기지 않았어. 당당했지. 불쌍하다며 먹을 것을 나눠 줄 때면 그저 먹지 않고 농사일을 도와주거나 마당을 쓸어주었어. 공짜로 얻어먹는 것은 당당하지 못하다고 생각했거든.

그러다 재 너머 고을의 사또 부임 행차 소문이 바람을 타고 날아왔어.

"형! 구경 가자!"

"좋아! 가자!"

신통이와 방통이는 잔치가 열리는 고을을 향해 길을 떠났어. 산이 제법 높았지만 방통이는 잘도 걸었지.

"두 걸음 앞에 너른 바위가 있어. 쉬었다 가자."

"그럴까."

신통이와 방통이는 바위에서 쉬며 땀을 식혔어. 계곡에서 졸졸졸 물소리가 들렸지. 그러자 마른 목이 더 말라오지 뭐야. 그때 계곡 바로 위쪽에 있는 옹달샘이 보이는 거야.

"옹달샘이 있어. 샘물을 먹자."

신통이와 방통이는 옹달샘으로 갔단다.

"형 목마르지. 내가 물을 떠 줄게."

방통이는 손바닥 가득 물을 떠서 신통이의 입에 부어주었어.

"고마워. 이번엔 형이 물 떠 줄게."

신통이가 손바닥에 물을 담아 방통이의 입에 부어주려는 순간이었어.

"저, 저게 뭐야!"

신통이가 깜짝 놀라서 소리 질렀어.

"형, 왜 그래? 무슨 일이야? 뱀이 혀를 날름거리며 오기라도 하는 거야?"
"배, 뱀이 아니라 금덩이야."
"뭐? 금덩이라고?"
"진짜야! 금덩이야!"
"어, 얼마나 커?"

방통이의 말에 신통이는 대답하지 않았어. 엉큼한 생각이 뭉게구름처럼 뭉게뭉게 피어올랐기 때문이지. 어떤 생각이냐고? 동생은 보지 못하니 말하지 않으면 모를 거잖아. 그러니까 돌덩이를 금덩이로 잘못 봤다고 거짓말하고 혼자서 다 차지할까 했지.

방통이는 또 방통이대로 엉큼한 욕심이 생겼지.

'내가 업어주지 않으면 형은 아무리 금덩이를 가지고 있더라도 소용이 없어. 이 산속에서 금덩이를 쥐고 있어 봤자지. 형은 내버려 두고 금덩이만 가지고 갈까.'

견물생심이라는 말이 있어. 물건을 보면 욕심이 생긴다는 뜻이야. 금덩이가 없을 때는 서로 한 몸처럼 위하고 아꼈는데 금덩이를 보니 욕심이 생긴단 말이야.

금덩이가 있으면 뭐 해. 방통이가 업어주지 않으면 신통이는 산속에서 한 발짝도 움직일 수 없고 신통이가 길을 가르쳐 주지 않으면 방통이는 산속을 헤매야 하는걸.

'내, 내가 미쳤지. 어떻게 나쁜 생각을 할 수 있어. 동생은 금덩이보다 훨씬 더 소중한데.'

신통이는 도리질을 두 번 치고는 금방 정신을 차렸어.

"손을 위로 쭉 뻗으며 금덩이가 있어. 금덩이는 너 다 가져. 나, 난 필요 없어."

"형, 나, 나는 금덩이 필요 없어. 금덩이는 형이 다 가져."

신통이의 말에 방통이도 금방 욕심을 버리고 정신을 차렸지. 신통이와 방통이는 금덩이에 욕심을 부린 것이 부끄러웠어. 그래서 부둥켜안고 한참을 울면서 서로가 얼마나 소중한 존재인지를 다시금 확인했지.

"형, 우리 금덩이 가지지 말자."

방통이가 말했어.

"그래, 가지지 말자. 저건 금덩이가 아니라 돌덩이야."

형제는 물만 마시고 재빨리 그 자리를 떴어.
산바람이 살랑살랑 불었어. 방통이는 잠시라도 나쁜 마음을 먹은 것이 미안해서 신통이가 힘들지 않게 엉덩이를 바짝 치켜들고 업었고 신통이는 눈에 보이는 풍경을 더 상세히 설명해 주며 산비탈을 올랐지.
후다다다닥~
노루 한 마리가 번개처럼 형제 앞을 스쳐 지나가더니 떡갈나무 뒤에 숨었어. 그 뒤를 사냥꾼이 헐떡거리며 달려왔지.

"이놈의 노루 새끼가 다리에 총을 맞고 어디로 내뺀 거야. 멀리 도망가지는 못했을 거야. 잡히기만 하면 절룩거리는 다리를 확 분질러 버릴 게다."

어깨에 총을 멘 사냥꾼이 소리 질렀지. 사냥꾼은 인상이 포악한 데다 말투도 사나웠어. 바람이 불자 떡갈나무 잎이 흔들렸지. 신통이는 노

루가 사냥꾼에게 들킬까 조마조마했어. 다리를 다친 노루가 꼭 제 신세 같았거든. 그래서 살려주고 싶었단다.

"도망간 노루 대신 옹달샘에 가서 금덩이나 가져가세요."
"금덩이라고?"

금덩이라는 말에 사냥꾼은 눈이 확 뒤집혔지. 그러고는 두 말도 하지 않고 신통이가 가르쳐 준 옹달샘을 향해서 달려갔어.

"금덩이! 금덩이가 여기에 있다고 했는데."

사냥꾼은 옹달샘 주위를 샅샅이 뒤졌어. 그런데 금덩이는 보이지 않고 뱀 한 마리가 스르르 기어 나오더니 사냥꾼을 덮치려고 하는 거야.

사냥꾼이니 동작은 얼마나 빠르고 총은 또 얼마나 잘 쏘겠어. 뱀을 향해서 번개처럼 총을 쏘았지. 총은 뱀의 몸통에 명중했고 두 동강 났어.

"내가 미쳤지. 거짓말에 속아 노루도 놓치고 아까운 총알도 버렸어."

사냥꾼은 화가 머리끝까지 올라서 형제를 쫓아갔어. 그러고는 화풀이를 단단히 했댔지. 형제는 엄청나게 많은 욕을 먹고 얻어맞기까지 했지.

"형이 본 게 정말 금덩이였어? 잘못 본 거 아니야?"
"정말 금덩이였어. 진짜야!"
"뱀이 아니고?"
"금덩이였다니까!"

형제는 사냥꾼이 죽였다는 뱀을 직접 보고 싶은 생각이 들었어. 그래서 다시 옹달샘으로 갔지. 그런데 뱀은 보이지 않고 금덩이가 두 쪽으로 쫙 쪼개져 있는 거야. 형제는 금덩이 하나씩을 사이좋게 나눠 가지고 신나게 산을 내려갔단다.

산 중턱쯤 내려왔을 때였어.

"절을 지으려 합니다. 시주 좀 하시지요."

스님이 형제 앞을 가로막고 머리가 땅에 닿도록 절을 하지 뭐야. 공짜

로 생긴 금이니 욕심내지 말자며 하나를 시주했어. 형제는 남은 금덩이 하나를 팔아서 기와집을 짓고 음식을 떡 벌어지게 차려놓고 자기들에게 도움을 준 사람들을 모두 불러 대접을 했어.

  형제는 기분이 좋았어. 신통이는 앉아서 엉덩이를 들썩이며 엉덩이춤을 추고 방통이는 서서 신나게 춤을 추었지. 그런데 이상한 일이 일어났어. 엉덩이를 들썩이던 신통이가 쪼그리고 앉아 엉거주춤 서더니 두 다리로 똑바로 서는 거야.

  "혀, 형! 형이 섰어! 설 수 있어!"

방통이가 소리 질렀어.

"너! 볼 수 있어? 내, 내가 서 있는 게 보여?"

신통이는 자신이 서 있는 것도 신통하지만 방통이가 볼 수 있다는 것이 더 방통했지.

"혀, 형이 보여! 형이 서 있는 게 보여!"

방통이는 자신이 볼 수 있는 것보다 신통이가 서 있다는 사실이 더 신통했지.

"우리 형이 걸을 수 있다!"
"우리 동생이 볼 수 있다!"

신통이와 방통이는 서로 끌어안고 폴짝폴짝 뛰었지.
형제가 시주한 금덩이로 절을 지은 스님은 형제를 위해서 날마다 불공을 드렸대. 부처님이 형제를 어여삐 여겨 앞도 보이게 하고 설 수도 있게 해 주신 거지. 형제는 반쪽이 아닌 완전한 한쪽이 되어 오순도순 사이좋게 살았대.

풍상산과 백살할머니

미음 마을 이야기

천수골에 백 살 할머니가 살았어.
주름진 얼굴은 인자한 미소로 빛나고
목소리는 포근하고 아늑했대.
사람들은 어려운 일이 생기면
"백 살 할머니께 여쭤보자" 하고
지혜를 구할 일이 생겨도
"백 살 할머니께 여쭤보자" 했지.

사람들이 문제를 들고 오면 할머니는 고개를 숙이고 눈을 가만 감고 있다가

"아! 이러면 되겠다!" 하며 문제를 뚝딱뚝딱 해결해 냈대. 나이만큼이나 지혜도 많았던 거지.

사람들은 할머니가 계신 곳을 향해서는 손가락질도 함부로 하지 않았고 재채기도 조심해서 했지. 할머니 집 앞을 지날 때는 옷매무시도 단정히 했대.

존경하는 마음이 산더미처럼 커지자 할머니에 대한 기대도 산더미처럼 커졌어. 아파도 할머니가 낫게 해주었으면 하고, 김을 매지 않고도 농사가 풍년이 들었으면 하고, 글공부를 하지 않고도 과거 시험도 덜컥 붙게 해 주기를 바랐지.

날마다 할머니를 찾아오는 사람은 늘어났고, 할 수 없는 일들을 부탁했어. 인자함으로 빛나던 할머니 얼굴은 근심으로 가득 찼고 목소리는 꺼끌꺼끌해져 갔어.

그러던 어느 날이었어. 먹구름이 끼더니 갑자기 비가 폭포처럼 쏟아지다가 어느 순간 뚝 멈추기도 하고 잠깐 해가 나타났다가 다시 비가 쏟아지길 사흘 동안 반복됐어.

"할머니! 백 살 할머니!"

고을 사람들이 할머니를 부르며 떼로 몰려왔어.

"비가 논밭을 쑥대밭으로 만들고 있어요. 어떻게 좀 해 보세요."

고을 사람들이 떼를 쓰기 시작했어. 빗소리가 높아질수록 떼를 쓰는 목소리도 높아졌지

"하늘에서 내리는 비를 어떻게 할 수 있단 말이요."

아들이 따졌어. 사람들은 비가 내린 것도 농작물이 피해를 입은 것도 다 할머니 탓이라며 원망했어. 급기야는 비가 멈추지 않는 건 할머니 때문이라는 둥, 사람이 어떻게 백 년을 살 수 있냐며 할머니는 사람이 아니라 귀신이라는 둥, 온갖 나쁜 말들을 퍼부어댔어.

"내가 너무 오래 살았나 보다."

할머니가 땅이 꺼질 듯 한숨을 쉬었어.

"어머니, 아무도 없는 조용한 곳으로 떠납시다."

아들이 할머니보다 더 깊은 한숨을 쉬며 말했어.
 할머니 가족은 짐을 꾸려 새벽어둠이 채 걷히기도 전에 천수골을 떠났어. 산을 넘고 들을 지나는 동안 해가 뜨고 지고 달이 뜨고 졌어.
 할머니 가족은 가락국의 동쪽을 흐르는 강 앞에서 걸음을 멈췄어. 지금의 낙동강인 가야진이었지. 가야진에는 넓은 갈대와 모래톱이 있고 바다가 있었어. 서산으로 넘어가는 해가 바다에 일렁이는 모습은 참으로 고즈넉하고 편안했단다.

"어머니, 여기에 터를 잡을까요?"
"그래, 여기가 좋구나. 참 좋구나."

인자한 미소와 포근하고 아늑한 목소리를 되찾은 할머니가 다리를 펴며 환하게 웃었어. 뒤로는 산이 있고 앞으로는 바다가 있는 풍경 좋은 선창걸은 아늑했어. 산기슭에 숨어있는 움막집은 할머니 가족이 살기엔 안성맞춤이었지. 선창걸에는 먹을 것이 넉넉했어. 산에는 나물과 열매가 지천이고 바다에는 고기가 많았거든.

할머니는 아침이면 정화수를 떠 놓고 가난하고 병든 사람들을 위해 기도했어. 천수골 사람들의 건강과 행복을 위해서도 빌고 하늘에 감사드렸어. 누구를 원망하거나 탓하지 않았어.

그러던 어느 날이었어. 고기를 잡으려고 포구로 나가는 아들 앞을 포졸이 막았어. 선창걸은 외진 곳이라 아주 큰 일이 일어났을 때를 빼고는 포졸이 올 일이 없는 터라 아들은 깜짝 놀랐지.

"무슨 일입니까? 왜요?"

아들은 목소리에 힘을 주고 눈을 부릅떴어. 당당하게 보이려고 하는데 잘 안 됐지. 목소리는 힘을 잃었고 다리는 더 후들댔지.

"혹여 백 살 할머니를 아는가?"
"배, 백 살 할머니라니요?"
"머리가 하얗고 얼굴에서 빛이 나는 백 년을 살았다는 백 살 할머니 말이네. 요즘 우리 고을은 곡식은 심었다 하면 풍성하게 알곡을 맺고 그물은 던졌다 하면 만선이라네. 이렇게 풍요롭고 평화로운 건 우리 고을 어딘가에 백 살 할머니가 살고 있기 때문이라는 소문이 있네. 우리 고을에 백 살 할머니가 살고 계신다면 인사를 드려야 할 게 아닌가."

포졸의 들뜬 목소리에 아들은 간이 오그라드는 느낌이었어.

"이, 인사를 뭐 하러 드리려고요?"
"나에게 아픈 아들이 있는데 병을 고쳐 주십사하고 부탁도 드리고 뭐, 겸사겸사."

포졸이 머리를 긁적였어.

"우리 집에는 백 살 할머니는커녕 그냥 할머니도 없습니다. 저기, 저 고개 너머에 낯선 사람들이 이사 와서 산다는 말을 들었습니다. 거기 가서 알아보십시오."

아들이 산 너머를 손짓했어.

"그 집에 백 살 할머니가 살지도 모르겠구먼. 어서 빨리 가 봐야지."

포졸은 아들이 손짓한 산 너머로 발걸음을 재촉했어.

"여기서도 더 이상 살 수 없겠군."

아들은 한숨을 푹 쉬며 혼잣말을 중얼거렸어.

"어머니! 떠나요! 어서 떠나요!"

헐레벌떡 들어서며 소리치는 아들에게 할머니는 아무것도 묻지 않았어, 말을 하지 않아도 무슨 일이 일어났는지 눈치챘거든.

"여기서 살면 후손들이 편안할 건데. 내가 자손을 힘들게 하는구나."

할머니는 산과 바다를 쳐다보며 중얼거렸어.

"떠날 때 떠나더라도 밥은 먹고 가자. 밥을 든든하게 먹어야 힘을 내지. 가서 고기를 잡아 오너라."

할머니의 말에 아들은 배를 몰고 바다로 나갔어.
할머니는 머리를 곱게 빗고 가장 깨끗한 옷으로 갈아입었어. 그러고는 산으로 올라갔단다. 하늘과 바다가 잘 보이는 경치 좋은 곳으로 간 할머니는 무릎을 꿇었어. 그러고는 하늘을 향해 두 손을 모으고 세상 모든 사람을 위해서 기도를 하기 시작했지. 그들이 이 땅에서 편안하고 행복하기를 진심으로 빌었어.
할머니 주변으로 안개 같기도 하고 연기 같기도 한 신비한 기운이 퍼지더니 하늘에서 한 줄기 빛이 내려왔지. 빛은 할머니를 감싸고돌더니 하늘로 치솟았어. 그러더니 이내 천둥과 번개가 쳤어.
그물은 던지는 족족 텅 빈 데다 마른하늘에선 천둥이 치고 번개가

치니 아들은 요상하다 싶었지. 빨리 고기를 잡아 돌아가고 싶은데 고기는 그림자도 보이지 않으니 미칠 지경이었어.

그때, 산만큼 큰 파도가 달려오더니 아들의 배 앞에서 딱 멈추더니 하늘로 치솟았어. 하늘을 향해 거대한 물기둥이 만들어졌지. 아들은 너무 놀란 나머지 그저 입만 쩍 벌리고 그 광경을 쳐다보고만 있는데 이번에는 바다에 있는 고기란 고기들이 모두 펄쩍펄쩍 뛰어오르기 시작하는 거야. 마치 높이뛰기 대회가 열린 것 같았지.

아들은 꿈인가 싶어 볼을 꼬집어 봤어. 그런데 꿈은 아니었어. 고기 비늘이 빛을 받아 반짝거리는 것이 꼭 별 같았단다. 바다에 빛나는 별들로 가득 찼지. 고기들이 물 위로 뛰어올랐다가 바다로 퐁당퐁당 빠지는 소리가 노래 같았어.

아들의 입에서 노래가 흘러나왔어. 장단을 맞추기라도 하듯 배가 이리저리 흔들리기 시작했어. 살랑살랑 움직이는 배의 움직임이 얼마나 편안한지 눈이 스르르 감길 정도였지. 아들은 눈을 감고 노래를 불렀어.

그러다 툭, 툭, 배 위로 뭔가가 떨어지는 소리에 눈을 떴어.

"세상에!"

아들은 눈 앞에 펼쳐진 광경 앞에 할 말을 잃었어. 배 가득 물고기가 차 있지 뭐야.

"어서 고기반찬을 해 드리고 떠나야 해."

아들은 힘차게 노를 저었어, 하지만 배는 꼼짝도 하지 않았지. 아들은 배를 움직여 보려고 죽을힘을 다해서 노를 저었어. 그러나 여전히 배는 꼼짝도 안 했지.

"천지신명이시여! 제발 도와주십시오!"

아들이 두 손을 모으고 하늘을 향해 소리쳤어. 그러자 이상한 일이 일어났어. 배 위의 고기들이 점프 시합이라도 열린 듯 공중으로 뛰어올라 바다로 들어가더니 배를 밀기 시작하는 거야. 배 위에는 큰 물고기 몇 마리만 죽은 듯이 누워 있었고.

선창에 배를 대고 물고기를 든 아들은 허둥거리며 집으로 달렸어. 마음이 바빠서 발이 막 꼬였지.

"어머니!"

아들은 할머니를 부르며 집으로 들어섰어.

"아들아! 아들아!"

산 위에서 할머니의 목소리가 들렸어. 아들은 목소리를 따라 산으로 올라갔단다. 비바람과 안개에 쌓인 산은 한 치 앞도 제대로 보이지 않았어. 그래서 넘어지기도 하고 미끄러지기도 하고 나뭇가지에 찔려 생채기도 났지. 아무리 찾아도 할머니는 보이지 않았어. 아들이 지쳐 쓰러질 즈음에야 안개가 걷히고 비바람이 멈췄어.

"앗! 저것은!"

할머니의 치맛자락이 나무에 걸려 휘날리고 있는 것이 보였어.

"어머니 치마야. 어머니!"

아들이 할머니의 치마를 움켜쥐고 울부짖는 그때였어.

"나는 하느님의 명을 받아서 승천했다. 그러니 내 걱정은 말아라. 이곳에서 오랫동안 산다면 너의 자손들은 길이길이 행복을 누릴 것이다."

하늘에서 아름다운 풍악 소리와 함께 할머니의 목소리가 울려 퍼졌어. 아들은 정성껏 상을 차려 할머니의 치마가 걸려 있던 곳으로 가져왔어. 그러고는 하늘에 제사를 지냈지.

　자손들도 대대손손 백 살 할머니의 뜻을 받들어 선창걸에서 살았대. 해가 가고 달이 가고 선창걸이 살기 좋은 곳이라는 소문이 돌았고 사람들이 들어와 그럴듯한 고을을 이루었지.

　고을은 하늘에서 아름다운 풍악 소리가 났다고 해서 아름다울 '미'에 소리 '음'을 써서 미음이라는 이름을 갖게 되었어. 백 살 할머니의 치마가 바람에 펄럭이던 고을 뒷산은 바람 '풍' 자와 치마 '상' 자를 써서 풍상산이라 불렀단다.

순아도와 처녀골

순아 마을 이야기

남쪽 바닷가 마을 남대포에 순아라는 처녀가 살았어.
얼굴도 마음도 복사꽃만큼 예쁜데다 맵시나
솜씨도 뛰어났지. 남대포에 참한 규수가 있다는 소문은
이웃마을 건너 건넛마을 지나 복사꽃 향기처럼
사방으로 쫙 퍼졌어. 순아네 집 앞에 중매쟁이가 줄을 섰지.
순아 아버지는 많고 많은 사윗감 중 고을에서
멀리 떨어진 산골에 사는 총각을 사윗감으로 골랐어.

"순아 아버지, 이젠 다리 쭉 펴고 주무셔도 되겠어요."
"깊은 산골로 시집간다니 축하한다. 마음 편히 살아도 되겠구나."
"이제 순아 걱정은 안 해도 되겠어요."

만나는 사람마다 축하 인사를 건넸어.
남대포 사람들은 고기를 잡는 틈틈이 밭농사를 지었는데 어떤 곡식이든 씨앗을 심기만 하면 무럭무럭 자랐어. 마음 씀씀이도 넉넉하고 인정이 넘쳤단다. 참으로 살기 좋은 이 고을에 한 가지 걱정이 있었으니 그건 바로 왜구들이었어. 왜구들이 노략질하러 육지로 가는 길목이 남대포였거든.
임진왜란이 일어나자 왜구들의 노략질은 더욱 심해졌어. 물건만 약탈한 것이 아니라 여자들을 농락했지. 그러니 어떻게 해. 귀중한 물건은 깊이 숨기고 여자들은 바깥출입을 삼갔지.

"집안에서 한 발도 나와서는 안 된다."

순아 아버지는 바다로 나갈 때마다 신신당부를 했지.

"누이야! 혼인하기 전에 나랑 갈대숲에 놀러 가자."
"안 돼. 아버지가 아시면 혼나."
"잠깐만 살짝 갔다 오자. 누이에게 새 보여 줄게."

동생 돌이가 자꾸 조르자 순아 마음이 흔들렸어. 방안에만 있기 답답도 했고 혼인하기 전에 동생과 추억을 만들고도 싶었지.

　순아와 돌이는 갈대숲으로 갔어. 갈대 사이에 모래톱이 쌓여 있고 그 사이로 물이 흐르고 있었지. 이름 모를 새들이 먹이를 찾다가 후드득 날아오르고 거미는 햇볕에 반짝이는 집을 자랑했어. 발걸음 소리에 놀란 갈게는 갈대 사이로 후다닥 숨기 바빴지.

"누이, 예쁘지?"

　새 둥지엔 몸통이 검고 머리와 꼬리가 하얀 어미 새가 아기 새를 돌보고 있었어. 돌이가 순아에게 보여주고 싶다던 새였지.

"누이도 혼인하면 예쁜 아기를 낳겠지."

　돌이의 말에 순아의 얼굴이 빨개졌어.

"누이 혼인하는 것 싫어. 보고 싶어도 볼 수 없잖아."
"혼인하지 말까?"
"누이 보고 싶으면 여기로 올래. 누이도 내 생각 많이 해야 해."

순아와 돌이는 오누이의 정을 나누었어.

싸아아아아~~

갑자기 강 물길이 두 쪽으로 나누어지더니 배가 나타났어. 배에는 왜구들이 타고 있었어. 돌이가 순아의 팔을 갈대숲으로 잡아당겼어. 그런데 왜구가 그걸 보고 만 거야.

"호이, 예쁜 조선 처녀네."

왜구가 음흉한 미소를 지으며 다가오지 뭐야.

"큰일 났다! 누이, 뛰자!"

돌이는 순아의 손을 꼭 잡고 발이 보이지 않을 정도로 뛰었지. 그 뒤로 왜구가 따랐어. 바다에서 돌아오던 순아 아버지가 그걸 봤어.

"순아야! 돌이야!"

순아 아버지는 목이 터지게 소리쳤어. 그 바람에 왜구가 멈칫했지.

순아와 돌이가 아버지를 향해 달려갔어. 순아 아버지도 순아와 돌이를 향해 달렸어.

"순아야!"

순아 아버지는 순아를 꼭 끌어안았어. 그러고는 눈에 힘을 주고 왜구를 노려보았지. 왜구는 순아를 보며 음흉한 미소를 짓고는 돌아갔어.

"저런 쳐 죽일 놈들!"

순아 아버지는 피가 거꾸로 솟는 기분이었어. 주먹을 불끈 쥐고 분노로 벌벌 떨었어. 생각 같아서는 쫓아가서 왜구의 머리통을 박살 내고 싶었지만 그럴 시간이 없었어. 순아를 숨기는 게 급했거든.

"아버지 죄송해요."
"지금 그런 소리 할 시간이 없다. 어서 가자."

순아는 어디로 가는지 묻지 않았어. 아버지가 시키는 대로 빨리 걸을 뿐이었지. 포구에는 순아 아버지가 고기를 잡을 때 쓰는 작은 배가 있었어. 순아를 태운 순아 아버지는 노를 젓기 시작했어. 순아도 손으로 노를 저어 힘을 보탰지만 배는 삐걱거리는 요란한 소리만 낼 뿐 속도를 내지 못했단다.
어둠이 슬그머니 세상을 덮는 바로 그때였어. 왜구가 순아집 대문을 기웃거리더니 훌쩍 담을 넘지 뭐야.

"으흐흐흐~~~ 예쁜 조선 처녀가 방 안에 숨어 있겠지."

왜구는 음흉한 미소를 지으며 방문 고리를 조심스레 잡아당기며 방으로 들어갔어. 방에는 이불을 뒤집어쓴 채로 누군가 자고 있었지.

"예쁜 처녀가 피곤했나 보군."

왜구는 조심조심 걸어 이불 옆으로 다가갔지. 그러고는 휙! 이불을 들췄어.

"엉! 아, 아무도 없잖아."

이불 속에는 베개만 덩그러니 놓여 있었어. 마치 사람이 자고 있는 것처럼 말이야.

"눈치를 채고 도망갔군. 도망치면 못 잡을 줄 알고."

왜구들은 사방으로 흩어져 순아를 찾았어. 바다에서 삐걱삐걱 노 젓는 소리가 어렴풋이 들렸어.

"저기다! 어서 잡아라!"

성질 급한 왜구는 바다로 풍덩풍덩 뛰어들어 헤엄을 치고 또 어떤 왜구는 배를 탔어.

"아버지, 왜구들이 쫓아와요."
"걱정 마라. 아버지가 너를 지켜주마."

순아 아버지는 근처에 배를 댔어. 그러고는 순아의 손을 꼭 잡고 돌산의 북쪽 절벽이 있는 골짜기를 향해 달리기 시작했어.

"거기 서! 서지 못해!"

왜구는 고래고래 소리 지르며 따라왔어.

"순아야, 어서 도망가거라. 이 아비가 왜구들을 유인할 테니 저 절벽으로 올라가 숨어라."
"아버지는요?"
"왜구를 따돌리고 가마. 그러니 어서 가거라."

절벽 앞에 순아를 남겨 두고 순아 아버지는 반대편으로 뛰었어. 순아 아버지는 나무를 흔들고 소리를 지르며 왜구를 유인했지.
그사이에 순아는 절벽을 탔어. 두 발 올라가면 한 발 미끄러지고 두 발 올라가면 또 한발 미끄러졌지만 기어이 절벽을 올랐지.
밤이 깊어서야 순아 아버지가 왜구를 따돌리고 절벽 위로 올라왔어. 순아 아버지와 순아는 절벽 위에서 무서운 밤을 보내고 아침을 맞았지.

"순아야, 혼인날까지 여기에 있거라. 여기에 있으면 왜구들이 찾지 못할 거다."

순아 아버지가 작은 목소리로 말했어.

"우리가 못 찾을 거라고? 우린 벌써 찾았는데."

절벽 아래서 왜구가 히죽거리며 소리쳤어.

"아, 아버지, 왜, 왜구예요!"

순아는 비명을 지르며 뒤로 넘어졌어.

"거기 있으면 못 잡을 줄 알고. 어디든 숨어 봐라. 다 찾아낼 테니."

왜구들이 절벽을 타고 올라왔어.

"순아야! 돌을! 돌을 굴리자. 돌을!"

순아 아버지는 미친 사람처럼 소리쳤어.

"도, 돌을 굴려야 해. 돌을."

순아는 너무도 떨려 제대로 돌을 잡을 수 없었어. 헛잡은 돌은 순아의 손을 빠져나와 왜구가 있는 쪽이 아니라 반대편으로 떨어져 버렸어.

"정신을 차리지 않으면 죽는다. 정신을 차려라! 정신을!"

순아 아버지가 소리쳤어. 순아는 정신을 똑바로 차렸어. 그러고는 돌을 쥔 손에 힘을 주고 벼랑을 타고 올라오는 왜구를 향해 정확하게 맞췄어.

"아악! 사람 죽네! 아! 아아아악~~~~"

왜구의 비명이 온 계곡에 올렸지. 순아와 아버지는 왜구를 향해 계속 돌을 던졌어. 그런데 이 일을 어째. 돌이 그만 동이 나고 만 거야. 순아와 아버지는 나뭇가지를 꺾어 벼랑을 오르는 왜구의 머리며 얼굴을 때렸지.

"아, 아악!"

왜구가 벼랑으로 떨어졌어. 힘이 빠졌던 거지. 그런데 다른 왜구들은 꿋꿋이 힘을 내어 올라오는 거야. 나뭇가지로 때리고 발로 찼지만 소용없었어. 결국 왜구가 절벽 위로 올라왔어.

"흐이, 도망치면 못 잡을 줄 알고."

왜구가 능글거리며 순아를 바라봤어.

"이러지 마시오."

순아 아버지가 순아를 등 뒤로 숨겼어.

"저리 비키지 못해!"

왜구가 칼을 빼 들고 순아 아버지를 내리치려는 순간, 순아가 번개처럼 왜구에게 달려들어 손가락을 잡아당겼어. 그러자 왜구는 중심을 잡지 못해 휘청거리다 순아 아버지 쪽으로 넘어지면서 순아 아버지와 함께 절벽에서 떨어지는 거였어.

"아, 아악, 저 계집 때문에!"

절벽에서 떨어지던 왜구가 순아를 향해 칼을 던졌어. 칼은 순아의 가슴에 꽂히고 말았지.

"아, 아버지!"

아버지를 부르며 순아도 절벽에서 떨어졌어. 정말 순식간에 일어난 일이었지.

순아와 혼인하기로 한 총각은 순아의 소식을 듣고는 눈이 퉁퉁 붓도록 울며 순아의 명복을 비는 제사를 올려 주었대.

바람이 세게 부는 날, 순아가 떨어져 죽은 돌산 처녀골에 가면,

"아, 아아악! 아악!"

하는 순아의 비명이 들린대. 순아가 살던 갈대섬은 순아도라 부르고 순아가 죽은 골짜기는 처녀골이라 불리게 되었지.

명지도와 공민왕 어필

명지 마을 이야기

"폐, 폐하! 어, 어서! 피하시옵소서!"

얼굴이 새파랗게 질린 내관이
달려오며 소리쳤어.
얼마나 급하게 뛰어왔는지
버선발에 머리는 산발이었지.

"으, 으으음~~"

공민왕이 깊은 신음을 토했어.

왜구가 백성들을 무참히 죽이고 약탈을 일삼아 애를 먹고 있는데 홍건적이 쳐들어온 거야. 공민왕은 기가 막혔지.

"과인이 부덕한 탓이다. 과인이 나라의 힘을 키우지 못한 탓이다."

공민왕은 자책하며 가슴을 쳤어.

"백성을 버려두고 도망을 가는 신세가 되었구나. 불쌍한 백성을 어찌할꼬."

공민왕은 통곡을 했어. 그 모습을 지켜보는 왕비 노국대장공주의 가슴은 무너졌지. 압록강을 건너 고려를 침입했던 홍건적이 2년 만에 또다시 고려를 침입한 거야. 2년 전의 전쟁으로 고려는 많은 백성을 잃었어. 그런데 전쟁의 상처가 채 아물기도 전에 다시 십만의 군사를 이끌고 두 번째 침입을 했지 뭐야.

"어려서는 원나라에 볼모로 잡혀갔는데 왕이 되어서는 홍건적을 피해 도망을 가는 신세가 되었구나!"
"최영 장군께서 적들을 곧 물리칠 것이 옵니다. 그때까지 몸을 피해 부강한 나라를 만들 계획을 세우셔야 합니다."

신하들의 권유로 공민왕은 궁궐을 떠나 피난길에 올랐어. 산을 넘고 물을 건너고 또 산을 넘고 물을 건너 강물이 흐르는 평화로운 마을에서 걸음을 멈췄어. 지금의 안동인 복주였지.

복주 남문 밖에는 강물에 누각이 비치는 영호루가 있었어. 강물에는 하늘을 떠다니는 구름과 주위 풍경도 담기곤 했는데 그중에서 영호루가 담긴 모습은 고즈넉하고 포근해서 공민왕의 마음을 평화롭게 했대.

"우리 백성들의 삶도 저리 평화로우면 얼마나 좋을까."

공민왕은 누각에 기대어 강물을 바라보며 나라의 힘을 키워 다시는 침략을 당하지 않으리라 다짐을 했지.

"활을 가져오너라. 내 힘이 약해 수치스럽게 도망을 와 있다만 궁으로 돌아가면 다시는 이런 치욕을 당하지 않으리라."

공민왕은 이를 악물고 무예도 단련했지.

전쟁이 끝나 개경의 궁으로 돌아간 공민왕은 영호루의 아름다운 풍경과 누각 밑 강물에 배를 띄우던 때를 생각하며 현판에 '영호루'라는 세 글자를 적었어. 금자현판이었지.

"복주관아로 보내 누각에 달도록 하라."

공민왕의 어명을 받고 신하가 금자현판을 복주관아로 가져왔어.

금자현판을 받아 든 복주판관은 머리가 터질 것 같았지. 임금님이 쓴 금자현판이 영호루의 규모에 비해 너무 컸거든. 임금님이 내린 금자현판을 잘라서 걸 수도 없고 그대로 달 수도 없었지.

"금자현판에 어울리게 영호루를 확장하는 공사를 하는 수밖에 없겠군."

몇 날 며칠을 고민하던 복주판관이 결심했어.

날을 잡아 영호루를 넓히는 공사를 했지. 영호루가 앞이며 뒤며 옆이 커졌어. 그러다 보니 강에 가까워졌고 그림자도 강물에 더욱 가깝게 비쳤지.

금자현판을 단 영호루는 위풍당당해졌어. 그러나 외적의 침입을 막아 백성을 평화롭고 부강하게 하겠다던 공민왕의 각오는 왕비 노국대장공주가 죽자 게을러지더니 완전히 사라지고 말았어. 백성은 뒷전이고 날마다 먹고 마시며 향락에 빠졌지.

세월이 흐르고 흐르던 어느 날이었어. 해 질 무렵 내리던 비는 다음 날이 되어도 멈추질 않았지. 강물은 불어 논밭을 삼키고 마당까지 들어오더니 급기야 방안까지 들어왔어.

사람들은 손에 잡히는 대로 가재도구를 챙겨 높은 산으로 피난을 갔어. 불어나는 강물에 집이 둥둥 떠내려가고 지붕에 올라탄 소와 돼지 닭들이 살려달라고 아우성을 쳤지. 강물에 휩쓸려 목숨을 잃은 사람들도 많았어.

"임금님의 금자현판을 지켜야 해."

복주판관은 현판을 찾으러 물이 불어난 강가로 뛰었어. 그러나 강물이 현판뿐만 아니라 누각을 통째로 휩쓸고 가버린 후였어.

현판은 강물을 따라 흘러 흘러갔어. 불어난 강물은 여러 지류를 합치면서 서쪽으로 휘돌아 상류로 흐르다가 강을 만났어. 영호루 금자현판은 강물에 떠밀려 강줄기를 타고 이리 부딪치고 저리 부딪치며 멀리멀리 흘러갔단다.

급한 물살에 휘둘리고 강 허리에 부딪치던 금자현판은 낙동강 삼각주를 지났어. 그러다 낙동강과 남해가 만나는 지점에서 물살에 휩쓸려 모래톱에 곤두박질쳤단다. 그 위로 모래가 덮이고 물살이 또 모래를 덮었어.

비가 멈추고 햇볕이 났어. 바람이 불고 또 비가 오고 햇볕이 났어. 세월이 흐르면서 금자현판 위로 모래가 쌓이고 또 쌓였어. 금자현판은 모래밭에 묻히고 말았지

금자현판은 모래톱에 묻혀 오랫동안 잠을 잤어. 잠에서 깨어나면 영호루 누각에서 위용을 뽐내던 때를 그리워하다가 또 잠을 잤지.

세월이 얼마나 흘렀을까. 따뜻한 햇살이 모래톱을 비추는 날이었어.

삐걱삐걱-

낡은 나룻배 한 척이 넓은 모래톱으로 들어왔지.

"온통 모래톱에 갈대지만 살 만하군."

꽃님이 아버지가 너른 갈대밭과 모래톱을 보며 흐뭇한 미소를 지었어.

"땔감 걱정 없이 군불 팍팍 땔 수 있겠다, 부지런히 고기 잡으면 굶지 않겠다. 이만하면 살 만하지. 자, 여기가 우리가 살 곳이다."

꽃님이 아버지는 넓은 모래톱에 배를 댔어.
모래톱은 바다라고 하기도 강이라고 하기도 애매한 곳에 있었어. 바다와 강이 만나는 지점이었거든. 바닷물은 들어왔다 나갔다 또 들어왔다 나갔다 하곤 했어.
꽃님이네는 바닷물의 움직임을 가장 적게 받는 곳에 터를 잡았어. 갈대로 집을 짓고 땔감으로도 사용했지.
갈대 사이에서 놀고 있던 갈게가 깜짝 놀라서 갈대 속으로 몸을 숨겼어. 그러자 갈대가 갈게를 품어주었지. 품 넓은 갈대는 갈게뿐만 아니라 모래톱으로 들어오는 사람들을 품어주었어.
모래톱 갈대밭에 마을이 하나둘 생기기 시작했어.

윙윙~ 웅웅~ 둥두두둥~
모래톱마을에 우렛소리 같기도 하고 종소리 같기도 했고 북소리 같기도 한 소리가 났어. 섬에서 들으면 육지에서 나는 것 같고 육지에서 들으면 섬에서 나는 것 같았단다.

소리가 들리면 모래톱마을 사람들은 잔뜩 긴장했어. 소리가 나면 크게 가뭄이 나거나 큰바람이 불었거든.

바다에서 고기를 잡던 꽃님이 아버지 귀에 윙윙~ 우우웅~ 하는 소리를 들려왔어.

"어서 집으로 가야겠다."

꽃님이 아버지가 서둘러 뱃머리를 돌리는데 하늘에 먹구름이 끼었어. 그러더니 이내 온 세상이 검은 색칠을 한 것처럼 캄캄해지면서 억수같이 비가 내렸지. 비는 사흘 내리퍼붓고서야 멈췄단다.

비가 그치자 꽃님이 아버지는 바다로 나갈 준비를 했어.

"소리가 들리면 곧바로 뱃머리를 돌려 집으로 오셔야 해요. 아셨죠? 그저께도 소리를 듣고 바로 집으로 오지 않았다면 큰일 났을 거예요."

꽃님이 어머니의 신신당부에 꽃님이 아버지는 고개를 끄덕였어.

"귀를 크게 열어놓고 소리가 나는지 어떤지 살필 테니 너무 걱정 말아요."

꽃님이 아버지가 귀를 잡았다 당기며 씩 웃었어.

"아버지, 고기 많이 잡아서 제 꽃신 꼭 사 주세요."

꽃님이가 아버지의 소맷자락을 잡고 말했어.

"그래, 그래 알았다. 점순이보다 더 예쁜 꽃신을 사 주마."

꽃님이 아버지가 사랑스러운 눈빛으로 딸을 보던 바로 그때였어.
하늘에서 밝은 빛이 내려오더니 갈대숲을 비추는 거야. 꽃님이 아버지는 저도 모르게 무릎을 꿇고 엎드려 절을 했어. 하늘에서 비추는 신성한 빛이 예사롭지 않았거든. 그 모습을 지켜보던 꽃님이와 어머니도 무릎을 꿇었어.
세 사람은 빛이 비치고 있는 곳으로 갔어. 그러고는 모래를 파헤쳤지. 그러자 그 속에서 금색으로 '영호루'라고 적힌 길고 넓은 나무판이 나왔어.
세 사람은 그것을 고을원님에게 가지고 갔지.

"아, 아니. 이것은 영호루의 금자현판이 아닌가?"

고을 원님은 금방 금자현판을 알아보았어. 오래전에 홍수가 나서 영호루의 금자현판이 떠내려갔다는 것을 알고 있었던 거지.

"당장 복주 관아에 기별을 넣어 금자현판을 찾았다고 전해라."

말을 탄 병사가 복주관아로 달려갔어. 그 뒤로 금자현판을 운반하

는 사람들이 따랐지.

　금자현판은 유실되어 재건된 영호루에 다시 걸렸어. 영호루에 걸린 금자현판은 늦은 밤이면 모래밭에서 들었던 새 소리와 바닷소리를 떠올리며 휘이요, 회리릭, 쏴아악, 소리를 냈대.

　금자현판은 그 후로도 몇 번이나 큰비에 떠밀려 명지도로 왔다니 명지노와 금자현판의 인연은 각별하지.

　섬의 어딘가에서 가뭄이나 큰바람이 일어날 것을 예고하는 소리가 섬 전체에 울려 퍼진다고 해서 모래밭마을을 명지도라 불렀대.

네 장군 바위

사암 마을 이야기

왜란이 일어났던 임진년 4월이었어.
대군을 이끈 왜군은 명나라로 가는 길을
내 달라고 했어. 속셈은 조선 침략이었지.
무방비 상태의 조선은 대군의 왜군을 상대할
여력이 없었어. 동래성은 하루도 버티지 못하고
왜군의 손에 넘어갔고 조선은 왜군의 발아래 짓밟혔지.

"조선 백성들이 왜군에게 짓밟히는 걸 더 이상 볼 수 없다. 내 기필코 왜군을 물리치고 원수를 갚으리라."

분노에 찬 이순신 장군이 옥포 포구로 나왔어. 늘어서 있는 왜선에는 노략질한 재물이 잔뜩 실려 있고 승리에 취한 왜군들이 콧노래를 부르고 있었지.

"왜군들에게 조선 수군의 본때를 보여 주자. 왜군들아! 우리 조선을 만만하게 보고 시도 때도 없이 넘보며 침략한 대가가 어떤지 잘 봐라."

이순신 장군은 금방이라도 왜군의 목을 칠 것처럼 칼을 높이 들었어.

"우와~~~~와~~~"

조선 수군의 수는 많지 않았지만 기세는 하늘을 찌를 듯했어.

"나를 따르라! 조선은 우리 수군이 지킨다."

결의에 찬 이순신 장군을 보며 군사들은 깊이 결심했지. 우리 땅도 스스로 지키고 우리 백성도 스스로 지키겠다고.

"한 놈도 살려 보내지 마라."

이순신 장군이 소리쳤어.

"조선 놈들을 싹 쓸어버리자. 한 놈도 살려 주지 마라."

왜장도 만만치 않았어. 옥포 바다에서 치열한 싸움이 벌어진 거지.

"동쪽과 서쪽을 포위해라. 한 놈도 살려 주지 마라."

이순신 장군의 목소리가 쩌렁쩌렁 울리자 조선 수군이 왜선을 동서로 포위했어. 그러고는 적선들에게 맹렬히 포격을 가했단다. 화약이 터지고 소총이 날아가고 비명이 터지고 난리도 그런 난리가 없었지.
이순신 장군의 진두지휘 아래 조선 수군은 왜선을 포위했어. 그러고는 서서히 포위망을 좁혀갔지. 왜군은 기가 질렸어. 더 이상 싸울 힘을 잃은 거지.

"물러서지 마라. 죽을힘을 다해서 조선 수군과 싸워라."

왜장은 사기를 북돋워 보려고 했지만 소용없었어. 전세가 조선 수군에게 유리하게 돌아가고 있다는 것을 왜군들은 잘 알고 있었거든.

"조선 수군의 힘을 왜놈들에게 보여주자."

이순신 장군이 소리쳤어.

"와아~~"

조선 수군이 함성을 지르며 왜군들에게 다시 가열 찬 포격을 퍼붓기 시작했지. 왜군들은 비명이 터지고 피가 터졌지. 왜선들은 불에 타거나 바다에 가라앉아 몇 척 남지 않았어. 그나마 남은 배는 구멍이 나고 부서져 물이 들어와 성한 데가 없었지.

"일단 도망가자. 살아남아서 전력을 재정비해서 다시 싸우자."

왜장은 피가 흐르는 팔을 부여잡으며 줄행랑을 쳤어. 그러자 왜군들도 앞을 다투어 걸음아 날 살려라 내뺐지.

"우와! 이겼다!"

옥포 포구에 조선 수군의 함성이 울려 퍼졌어.

"조선 수군이 왜군을 무찔렀다!"

육지에서 그 모습을 지켜보던 사람들이 만세를 부르며 서로 부둥켜안고 기뻐했어.

왜군은 손이 보이지 않을 정도로 바삐 노를 저어 사람이 보이지 않는 조용한 섬에 배를 댔어. 가덕도였지.

섬에는 배를 숨겨 두기 좋은 동굴이 있었어. 운 좋게 동굴에 숨어들긴 했지만 배는 부서졌지, 먹을 건 없지, 몸은 다쳤지, 사기는 바닥에 떨어졌지, 난감도 그런 난감이 없었어. 그러나 시간이 조금 지나자 몸을 회복하면서 배도 고치고 뿔뿔이 흩어졌던 왜군들과 연락도 닿았지.

왜군들은 조선 수군에게 복수하자고 다짐했어. 그리곤 힘차게 전력을 정비해서 싸울 계획을 세웠어. 계획은 순조로웠고 드디어 싸울 준비를 끝냈어.

"옥포에서는 우리가 패했지만 이번엔 어림없다. 감히 우리 왜군을 우습게 알고 덤비다니 용서하지 않겠다. 옥포에서의 원수를 기필코 갚아 줄 것이다. 이순신! 네 목숨도 오늘로 끝이다!"

왜장이 칼을 높이 들고 소리쳤어.

"우와~~"

왜군의 사기는 하늘을 찌를 만큼 대단했어. 아무리 많은 조선 수군이 몰려와도 단번에 격침시킬 기세였지.

"어리석은 조선 놈들은 우리가 여기서 전열을 정비했다는 것을 꿈에도 모를 거야. 우리가 나타나면 놀라서 기절하겠지. 이히히히~~"

왜군들은 조선 수군을 비웃었어.

"더 많은 재물을 빼앗아서 왜국으로 가져가야지."
"우리 왜군의 힘을 보여주겠어."
"조선 수군을 한 방에 물귀신으로 만들자."

왜군들은 큰소리를 뻥뻥 쳤어. 배도 튼튼히 고쳤고 화약과 총도 충분히 챙긴 데다 식량까지 충분하니 조선 수군을 격침시키는 것은 식은 죽 먹기보다 쉽다고 생각했지. 왜장이 칼을 높이 들고 조선 수군과 싸우려고 바다로 나가려던 바로 그때였어.

"아! 저, 저런!"

왜장이 웃음을 싹 거두고 새파랗게 질려서 바닥에 털썩 주저앉았어. 왜군들은 아주 나쁜 일이 일어났다는 것을 순식간에 알아챘지. 분위기는 삽시간에 싸늘해졌고 모두 눈을 휘둥그레 뜨고는 주변을 살폈어. 왜장이 기절할 만큼 놀랄 일이란 조선 수군에게 포위된 것밖에 없다고 생각한 거지. 그런데, 아무리 살펴봐도 조선 수군은커녕 조각배 한 척도 보이지 않는 거야.

"도대체 왜 그러십니까?"
"무슨 일입니까?"

왜군들이 물었어. 그러나 왜장은 놀라서 벌린 입을 다물지 못하고 고개만 절레절레 흔들었어. 그러더니 천천히 손을 들어 어딘가를 가리키는 거야.

"세, 세상에!"

왜장이 가리키는 곳을 보던 왜군들은 비명을 지르며 주저앉았어. 산

위에서 덩치가 좋은 네 명의 억센 조선 장군들이 자기들을 지켜보고 있었거든.

네 명의 조선 장군은 보기만 해도 기가 질릴 만큼 체력이 좋았어. 머리는 바위만큼 크고 어깨 근육은 쌀 열두 가마쯤은 거뜬히 지고 산을 뛰어다닐 것 같았거든.

"조선에 저렇게 체격이 좋은 장수들이 있었단 말인가!"

왜군들은 조선 장수들의 덩치에 기가 질렸어.

"우리를 여태 지켜보고 있었어."
"우리가 무엇을 하는지 알고 있었어!"
"우리를 비웃고 있었을 거야."

조선 사람들을 미련하다고 비웃었는데 미련한 건 도리어 자기들인 거야. 적을 알고 나를 알면 백 번 싸워서 백 번 이긴다는 말이 있어. 왜군들은 자신들의 계획이 모두 노출되었다고 생각했지. 그래서 절망했어.

"조선 수군이 우리를 기다리고 있겠지."
"나가기만 하면 사방에서 달려들어 배를 격침시키겠지."
"우린 이제 다 죽었다."

왜군들은 힘이 쭉 빠져 후들거리는 다리를 바로 잡아 보려고 애를 썼지만 소용없었어.

"도망치자. 그것만이 살길이다."

왜장이 줄행랑을 치자 뒤에 있던 배들이 앞다투어 줄행랑을 치기 시작했지. 정신없이 노를 저어 도망을 가다가 뒤를 돌아보았어. 그런데 조선 수군은커녕 조선 수군의 그림자도 보이지 않는 거야.

왜군들은 조선의 장수가 자기들을 보고 있긴 했지만 전략을 알아낸 것은 아니라고 생각했지. 그래서 처음의 전략대로 힘을 내어 싸워보려고 했어. 그런데 이상한 일이야. 한번 무너진 사기는 도무지 일어나질 못했어. 물살에 배가 흔들려도 조선 수군인가 싶어 놀라고 바람이 불어도 조선 수군이 배를 쳤는가 싶어 놀랐어.

"싸우긴 틀렸어."
"어서 왜국으로 돌아가자."

왜군들은 싸움을 포기하고 왜국으로 돌아가려고 했지.

"저기 왜군이 있다!"

그때 어디선가 조선 수군이 나타났어. 왜군의 움직임을 지켜보고 있다가 나타났느냐고? 아니, 우연히 마주쳤지. 조선 수군은 사기가 넘쳤고 왜군은 사기가 꺾였으니 누가 이겼겠어? 당연히 조선 수군이 이겼지.

살아남은 왜군이 산을 올려다보니 아직도 장군 넷이 자기들을 보며 비웃고 있는 거야. 바짝 약이 올랐지. 이겼을 싸움을 네 장군 때문에 졌다고 생각하니 분통이 터졌지. 죽을 때 죽더라도 복수는 하고 죽자 하고 산으로 올라갔어.

그때까지도 네 명의 장군은 자세 하나 흐트리지 않고 바다를 보고 있지 뭐야.

"네 놈만 아니었으면 우리 왜군들이 패하지 않았어."

왜군은 악에 받쳐 소리를 지르며 칼을 빼 들었지. 그런데 장군은 요동도 않은 거야. 그제야 왜군은 이상한 생각이 들었지. 그래서 눈을 비비고 장군을 자세히 살펴보았지.

"이, 이런!"

왜군은 비명을 지르며 그 자리에 털썩 주저앉았어. 네 명의 장군인 줄 알았는데 네 개의 바위였거든.

"너, 넌 장군이 아니라 바, 바위였구나. 너, 너가 바위였구나."

왜군은 기가 막혀 제대로 말을 잇지 못했어. 바위를 장군으로 잘못 알아 싸움에서 졌으니 억울하고 또 억울했지.

"너 때문이야. 너 때문이야. 너 때문에 졌어."

왜군은 칼로 바위를 내리치면서 화풀이를 했지. 그래봤자 바위는 묵묵히 바다를 내려다보고 칼만 상했지.

그때부터 네 개의 바위는 왜군이 너가 바위였구나, 라고 해서 너바위라고도 하고 네 개의 바위라고 사암이라고도 하고 넷바위라고도 해. 네 개의 바위가 있던 마을을 사람들은 사암마을이라 불렀대.

산신령이 도운 효자

동선 마을 이야기

갈대가 우거진 모래섬에
마음씨 착하고 부지런한 어머니와 아들이 살았어.
얼기설기 엮은 갈대집에 숭숭 바람이 들기는 했지만
서로 아끼며 행복하게 살았지.

아들은 바다에 나가 고기를 잡고 어머니는 모래땅에 곡식을 심으며 부지런히 일했지. 살림이 좀 나아지자 어머니가 덜컥 병에 걸렸지 뭐야. 코는 문드러지고 손발이 썩어 진물이 줄줄 나오는 문둥병이었대.

바다가 보이는 산속에 문둥병 환자들이 모여 살았어. 문둥병에 걸리면 그 산으로 가야 했지. 어머니는 산으로 가기 전에 집 안을 깨끗이 청소하고 정성껏 상을 차렸어. 그리고 아들과 마주 앉았지. 아들과의 마지막 밥상이라고 생각하니 목이 메여 밥이 넘어가지 않았지.

"얘야, 많이 먹거라."
"어머니, 많이 드세요."

어머니와 아들은 한술도 뜨지 못하고 서로 바라만 보았지.

"어머니를 혼자 보낼 수 없어요. 저도 가겠어요."
"그게 무슨 소리냐. 당치도 않은 소리는 하지도 말거라."
"어머니가 가시면 저도 가겠어요. 어머니 혼자는 보낼 수 없어요."

어머니는 아들 걱정에 혼자 가겠다고 하고 아들은 어머니 걱정에 혼자 못 보내겠다고 했지. 실랑이는 몇 날 며칠 계속되었어. 그러다가 결론을 내렸지.

"제가 약을 구해 어머니 병을 고치겠어요. 그러니 사람들에게 들키면 안 돼요."

　어머니는 그러겠다고 약속했지. 아들은 어머니의 병을 고쳐보려고 좋다는 약은 다 구해 먹이고 정성을 다해 신령님께 빌었어. 하지만 아무 소용이 없었지. 병은 점점 더 심해져 눈썹이 빠지고 얼굴 형태가 일그러지더니 살점이 떨어졌어. 어머니는 늘 조마조마했어. 아들에게 병이 옮을까도 겁나고 고을 사람들에게 들켜 아들이 곤경에 빠질까도 겁났지.

　깊은 밤, 어머니는 아들이 자는 틈을 타서 집을 나왔어. 그러나 배를 타야 섬을 나갈 수 있으니 아무리 용을 써도 혼자 힘으로는 섬을 나갈 수 없었어. 어머니는 마음에도 없는 말을 해서 아들을 힘들게 하기로 했지.

　"내가 병에 걸린 건 다 너 때문이다. 너를 키우느라 고생을 해서야."

　어머니는 아들을 괴롭히기로 작정한 듯이 입만 열면 험한 말을 해댔어. 아들은 어머니가 방 안에만 있어서 갑갑해서 그럴 거라며 무슨 말을 해도 다 참았어.

"네가 나를 죽이려고 약을 안 구해 오는 거지? 네 꼴만 안 보면 병이 나을 것 같은데 왜 산으로 안 보내주는 거냐? 날 죽이려는 거지?"

어머니는 억지를 심하게 부려댔어.

'어머니가 원하시니 내일은 산에 모셔다드려야지. 여기서 마음 졸이며 숨어 사는 것보다 산속이 훨씬 편안하실 거야.'

아들은 스스로를 위로했어. 아들은 하얀 쌀밥에 고기를 구워 정성껏 상을 차렸어. 어머니께 올리는 마지막 밥상이었지.

"맛있다. 정말 맛있다. 이젠 다시 네 얼굴을 안 봐도 된다고 생각하니 밥이 잘 넘어간다."

어머니는 쩝쩝거리며 그릇을 싹 비웠어. 밥상을 물린 아들은 모래밭으로 나왔어. 서산으로 넘어가는 해 꼬리가 길게 강바닥에 누웠고 강은 해를 보듬고 있었지.

서너 걸음 떨어진 곳에 두꺼비 한 마리가 볼록한 배를 늘였다 줄였다 하며 살모사와 눈싸움을 하고 있었어. 아들은 참 이상도 하다며 두꺼비와 살모사를 쳐다봤지. 두꺼비가 눈알을 뜨부럭뜨부럭 굴리며 배를 불룩하게 내밀던 바로 그때였어. 보고도 믿지 못할 일이 일어났지. 살모사의 입이 하마처럼 커지더니 두꺼비를 삼켜버리지 뭐야. 살모사의 입이 아무리 크다고 해도 어떻게 두꺼비를 잡아먹을 수 있겠어. 순식간에 일어난 일에 아들은 어안이 벙벙했어.

집으로 돌아오니 어머니가 깊은 잠에 빠져 있었어. 그래서 다음날 보내드려야지 했지. 다음날은 비가 왔고 그다음 날은 아들이 배탈이 났고 그러다 며칠이 지났어.

바람을 쐬러 모래밭으로 나온 아들은 이상한 풍경을 보았어. 살모사의 가죽이 바닥에 널브러져 있고 그 주위에 두꺼비 새끼가 옹기종기 모여 있지 뭐야.

"아! 새끼를 밴 두꺼비가 일부러 뱀에게 잡아 먹혔구나. 뱀의 배속에서 두꺼비는 독을 뿜어 뱀을 죽였고 두꺼비 배 속에 있던 새끼들은 뱀과 어미의 몸을 먹으며 스스로 먹이를 구할 때까지 살았구나!"

아들은 혼잣말을 중얼거리며 어머니 생각을 했어.

'어머니는 나를 위해서 떠나려 하시는 거야. 그래서 일부러 나를 괴롭히시는 거야.'

아들은 집으로 오자 짐을 꾸렸어.

"어서 산에 가요."

아들의 말에 어머니는 선뜻 따라나섰어. 날이 훤히 밝아올 즈음에 제법 큰 섬에 도착했지. 가덕도였어. 아들은 나무가 많고 사람이 살지 않는 깊은 산 속으로 들어갔지.

어머니가 집으로 가라고 하면 아들은 움막만 지으면 가겠다고 하고 움막을 다 짓고 나면 곡식을 심을 땅을 개간해 놓고 가겠다고 하고 땅을 개간해 놓으면 추수만 해 놓고 가겠다고 하면서 몇 해를 보냈어.

아들은 장날이면 나무를 팔아 어머니의 약을 샀어. 어머니는 아들에게 병이 옮을까 늘 걱정이었지. 병을 치료하겠다며 차도도 없는 약초를 구하느라 벼랑을 타고 바다에 들어가 해산물을 구하는 아들이 고맙기도 하고 미안하기도 했지.

비가 부슬부슬 내리고 안개가 잔뜩 낀 날이었어.

"오늘은 날이 안 좋구나. 위험하니 장에 안 갔으면 좋겠다."

어머니는 아들의 손을 잡고 간곡하게 부탁했어.

"좋은 약이 있대요. 나무를 팔아 그 약을 사 올 테니 걱정 마세요."

아들이 어머니를 안심시키며 장으로 갔어.

'나 때문이야. 나만 없으면 이런 날 나무를 팔러 가지 않아도 되고 이런 산속에서 살지 않아도 되는데. 내가 없어지면 집으로 돌아갈 거야.'

어머니는 굳은 결심을 하며 집을 나섰어.
가파른 산길을 오르고 벼랑을 타고 숲이 우거진 산속을 걸었어. 다리가 아파서 쉬려고 앉았는데 이게 웬일이야 대문 앞이지 뭐겠어. 집 주위만 뱅글뱅글 돈 거야.

다시 일어나 이번에는 앞으로 쭉 걸었지. 한참을 걸으니 개울이 나왔어. 어머니는 개울에 발을 담갔어. 다리가 시원해지며 잠이 왔어. 어머니는 잠을 이기지 못하고 잠 속으로 빠졌지. 자다가 깨고 보니 대문 앞인 거야. 어둑어둑 어둠이 몰려왔어. 어머니는 참으로 이상한 일이라며 고개를 갸웃거렸지.

아들은 해가 저물 무렵에서야 나무를 팔아 약을 샀어. 서둘렀지만 산에는 어둠이 내려앉았고 안개가 자욱해 앞이 잘 보이지 않았지.

넘어져 나뭇가지에 걸려 생채기가 났어. 피가 나고 쓰렸지만 아픈 줄도 모르고 걸었지.

멀리서 짐승 우는 소리가 들렸어.

으흥, 으흥. 후우우, 퍼드덕.

호랑이 소리도 들리고 여우 소리도 들리고 새가 날아가는 소리도 들렸어. 소름이 오싹 돋았지. 아들은 정신을 바짝 차리고 낫을 움켜쥐었어. 여차하면 낫으로 내리찍으려고 말이지.

산모퉁이를 막 돌 때였어. 흐물흐물 움직이는 물체가 길을 막았어. 아들은 놀라서 뒷걸음질 쳤지. 어두워 잘 보이지는 않았지만 움직이는 물체는 아들이 물러난 꼭 그만큼 앞으로 다가왔어.

"나에게는 병든 어머니가 계신다. 어머니가 기다리는 집으로 가야 하니 썩 길을 비켜라."

아들은 소리를 고래고래 지르며 낫을 막 휘둘렀어. 그러자 낫에 뭔가가 걸리며 움직이던 물체가 픽 쓰러졌지. 손에 힘을 주고 낫을 잡아당겼어. 그러자 낫이 쑥 빠지는 거야.

물컹한 것이 손에 잡혔어. 아들은 걸음아 날 살려라 뛰기 시작했어. 어떻게 집에 왔는지 몰라. 대문 안으로 들어서고서야 정신을 차렸거든.

"고기를 사 왔구나. 오랜만에 고깃국을 먹겠구나."

어머니의 말에 아들이 정신을 차리고 보니 손에 고깃덩이를 들고 있지 뭐겠어.

아들은 어머니를 위해 밥을 짓고 고깃덩이를 잘라 국을 끓였지.

"맛있구나. 참 맛있구나. 이렇게 맛있는 국은 처음 먹어본다."

어머니는 국물을 한 방울도 남기지 않고 다 마시고는 코까지 달달 골면서 단꿈에 빠졌어.

쿨쿨~ 쿨쿨~

아들은 어머니와 콧장단을 맞추며 곤하게 잤지. 산을 헤맨 데다 흐물흐물한 물체와 한바탕 싸운 후라 피곤했던 거지.
어머니와 아들은 해가 중천에 뜨고서야 일어났어.

"이, 이게 뭐, 뭐야!"

자리에서 일어난 아들은 깜짝 놀랐어. 어머니가 누운 자리에 구더기가 바글바글했거든.
아들은 구더기를 치우고 어머니를 씻겨 드렸어. 그러자 이상한 일이 일어났단다. 어머니의 썩어 문드러진 살점에 살이 채워지더니 진물이 없어지면서 본래의 얼굴로 돌아왔어.

"내 손가락이!"

어머니가 소리쳤어.

"어머니 얼굴이!"

아들과 어머니는 덩실덩실 춤을 추었지. 아들이 어머니께 끓여 드린

고기는 산신령이 내려준 지렁이 고기였대. 효성이 지극해서 산신령이 감복했다지 뭐야.

힘깨나 쓴다는 벼슬아치에게 문둥병에 걸린 아들이 있었어. 벼슬아치가 소문을 듣고 찾아오자 아들은 남아있던 지렁이 고기를 선뜻 내주었어.

아들은 벼슬아치의 주선으로 마음에 드는 처녀에게 장가를 들어 어머니를 모시며 행복하게 살았대. 가덕도 동선마을에 전해져 오는 이야기야.

칠점 마을 이야기

동쪽 황산강의 물은 빠르게 50여 리를 흐르다가
세 갈래로 나뉘어 바다로 들어갔어.
사람들은 이곳을 삼차수라고 불렀지.
삼차수에 들어서면 바다 한가운데
갯바위 섬이 있었어. 일곱 개의 작은 섬이
일곱 개의 점을 찍어 놓은 것 같다고 해서 칠점산이지.

칠점산 주위에는 고기가 많았어. 고기가 많으니 새도 많았지. 그래서 새소리가 끊이지 않았어.

"오늘은 어느 산에서 곡조를 타며 놀아 볼까나."

거문고를 부드럽게 어루만지며 칠점선인이 중얼거렸어.

"저기가 좋겠군."

칠점선인이 두 손을 위로 올리더니 눈을 감았어. 그러더니 혼잣말을 중얼거리며 엉덩이를 탁 튕겼지. 그러자 몸이 휘리리릭 날더니 칠점산 가장 높은 봉우리에 턱 하니 걸터앉아 있는 거야.

"한번 놀아볼까."

칠점선인의 희고 긴 손가락이 거문고를 탔어. 힘차면서도 은은한 거문고 가락이 칠점산을 휘감았지. 온갖 새들이 날아왔고 바람은 거문고 가락을 강마을로 싣고 가느라 바빴단다.

강마을 빨래터에서 빨래하던 아낙들이 그 소리를 들었어. 아낙들이 조용히 일어나 옷매무시를 만졌어.

"선인이 가락을 타시는구나."

아낙들은 약속이나 한 듯 칠점산을 향해 절을 했어. 묵직하게 튕기

는 저음과 여린 잔가락의 거문고 가락이 강마을을 건너 가락국의 초선대까지 울려 퍼졌어.

나랏일로 머리를 감싸고 있던 가락국의 거등왕이 거문고 소리를 들었어.

"칠점선인이다! 선인께 지혜를 구해보자!"

거등왕이 손뼉을 탁 치며 자리를 박차고 일어나 칠점산이 보이는 곳으로 달려 나갔어.

"칠점선인!"

거등왕이 손나팔을 하고 불렀어. 소리는 날개가 달린 것처럼 훨훨 날아 칠점선인의 귀에 전해졌지. 그러자 절묘하게 어우러지던 거문고 소리가 뚝 멈췄어.

"거등왕이 배를 보내겠구나."
"왕께서는 걱정이 많으시대요."
"걱정이라! 그게 뭐라더냐?"

칠점선인이 궁금증을 가득 담은 눈으로 시중을 드는 동자를 바라보았어.

"왕의 고민은 딱 한 가지래요. 어떻게 하면 백성을 평안하게 해줄까 하는 거요."
"지혜를 나눠주어 왕의 걱정을 좀 덜어드려야겠다."

칠점선인이 손가락을 머리에 대고 생각에 젖은 그때 거등왕이 보낸 배가 삼차수를 지나 칠점산을 향해 오고 있었어.

"칠점선이 타는 거문고도 들을 수 있겠지."

칠점선을 생각하는 칠점선인의 입에 미소가 돌았어. 나라를 다 돌아다녀도 칠점선보다 예쁜 여자는 없었대. 거기다 거문고 연주는 칠점선인을 빼고는 비길 사람이 없을 정도로 훌륭했다지 뭐야.
칠점선인은 배를 향해 달렸어. 마치 날아가는 것 같았지.

"저도 데리고 가시어요."

동자가 거문고를 옆구리에 끼고 칠점선인의 뒤를 따랐어. 동자와 칠점선인을 태운 배는 거문고 가락을 타듯 물살을 가르며 가락국을 향해 나아갔단다.

"칠점선인! 어서 오십시오."

배가 닿자 기다리고 있던 거등왕이 칠점선인을 맞이했어.

"어서 오시어요."

거문고를 옆구리에 든 칠점선이 옥처럼 고운 목소리로 말했어. 지나가던 새가 칠점선의 목소리에 반해 날갯짓을 멈추는 바람에 땅으로 툭 떨어졌대.

"초선대로 모시겠습니다."

거등왕의 말에 칠점선인이 고개를 끄덕였어. 초선대로 가자는 말은 바둑을 두자는 말이며 바둑을 두자는 말은 나랏일에 대해 조언을 구하고 싶다는 뜻이기도 해. 거등왕은 지혜가 필요할 때면 칠점선인을 초선대로 초대해서 바둑을 두었거든.

초선대에는 바둑판이 새겨진 연화석이 있었어. 연화석을 사이에 두고 거등왕과 칠점선인이 앉자 칠점선이 거문고를 타기 시작했지. 거문고 가락에 새들이 몰려왔어. 절묘한 거문고 가락과 새들의 날개 춤이 만들어내는 풍경은 신선의 세계였지.

"오늘은 왕께 한 수 배우겠습니다."

칠점선인이 바둑알을 굴리며 말했어. 모습은 차가운 옥과 같고 말소리가 경을 읽는 것 같았지.

"왕께서는 무슨 걱정이 있으십니까?"

칠점선인이 거등왕의 안색을 살피며 물었어.

"우리 가락국 백성들을 더 평안하고 화평하게 해주고 싶습니다. 지혜를 주십시오."

거등왕이 지혜를 구했어.

"왕이 자연의 이치대로 백성을 다스리면 백성도 저절로 자연의 이치대로 살 것입니다."

칠점선인이 바둑돌을 옮기며 말했어.

"자연의 이치대로 백성을 다스리라는 말씀이지요? 지혜의 말씀 고맙습니다."

거등왕은 칠점선인의 말을 가슴에 새겼어. 칠점선인과 거등왕은 칠점선이 타는 거문고 가락을 들으며 세상 이치와 자연의 이치에 대해 깊은 이야기를 나누었지.

"선인께 좋은 말씀을 들었습니다. 덕분에 가락국 백성들이 태평성대를 누릴 수 있겠습니다."
"어진 왕이 있어 가락국 백성들이 평안할 겁니다."
"가르침 잊지 않겠습니다."

거등왕은 어진 정치로 백성을 태평스럽게 하겠다고 다짐했어.

"지혜를 얻었으니 소를 잡아 선인을 기쁘게 해 드리고 싶습니다."
"아, 아닙니다. 그러지 마십시오."

칠점선인이 손사래를 치며 거등왕의 말을 막았어.

"사양치 마십시오. 좋은 음식으로 대접하고 싶습니다."

거등왕은 제일 좋은 음식으로 칠점선인을 대접하고 싶었어. 그런데 칠점선인이 거절하자 성의를 무시하는 것 같아 기분이 나빴어.

"대접이 마음에 안 드십니까? 더 좋은 대접을 받고 싶으신 겁니까?"

거등왕의 목소리에는 날이 살짝 서 있었어.

"네, 그렇습니다. 제가 제일 좋아하는 음식으로 주십시오."

칠점선인이 웃으며 말했어.

"그 대단한 음식이 무엇입니까?

거등왕은 비꼬듯 물었어.

"고기를 드시는 왕에게 제일 좋은 음식은 소고기이지만 고기를 먹지 않는 저에게 좋은 음식은 단풍나무의 진과 도라지입니다. 왕의 성의를 무시해서가 아니니 노여움은 푸십시오."

칠점선인이 정중하게 말했어.

"송구합니다. 제 생각이 짧았습니다."

거등왕은 깊이 고개를 숙였어. 무슨 일이든 섣불리 판단하지 말고 백성의 소리를 듣고 이치대로 나라를 다스리겠다는 다짐도 새롭게 했지.

"선인께서 많은 깨달음을 주셨으니 보답하고 싶습니다. 말씀해주십시오."
"칠점선의 거문고 가락을 들으며 칠점산으로 가고 싶습니다. 그렇게 해 주시겠습니까?"

칠점선인이 수줍게 웃었어.

"그것 좋지요."

거등왕의 얼굴이 환해졌어.

"선인께 지혜를 얻을 시간이 생겨 좋습니다."

거등왕은 배를 준비시켰어. 칠점선이 옆구리에 거문고를 끼고 나비처럼 가볍게 배에 타더니 거문고를 타기 시작했어. 살며시 감은 눈 위에 초승달 같은 눈썹에 눈이 부셔 칠점선인은 눈을 감았어.
 칠점선의 거문고 가락에 빠진 것은 칠점선인만이 아니었어. 하늘의 구름도 가던 길을 멈추고 파도도 숨을 죽였지. 바다 위에 햇살이 별처럼 반짝거렸어.
 칠점산 어귀에서 고기잡이하던 어부는 그물 올리던 것을 멈췄어. 거문고 가락에 홀린 거지. 그 바람에 그물에 갇혀 있던 고기들이 바다로 쏟아졌어. 고기들이 거문고 가락에 맞춰 꼬리를 흔들어댔어.

"좋다! 좋을시고!"

칠점선인이 어깨춤을 추며 손장단을 맞췄어. 칠점선은 다른 날보다 훨씬 더 거문고를 잘 탔어. 세상에서 거문고를 제일 잘 타는 칠점선인을 감동시켜 좋았던 거지. 배가 칠점산에 닿을 때까지도 칠점선의 거문고 가락은 멈추지 않았어. 그리고 배는 거문고 가락이 멈출 때까지 칠점산

을 돌고 또 돌았지.

"강 건너편의 건모라에 강선대가 있는데 풍광이 그리 좋다합니다. 그곳에서 칠점선의 거문고 연주를 들으면 신선이 따로 없겠지요."

칠점선인이 손가락으로 강선대 쪽을 가리켰어.

"강선대가 그리 아름답습니까?"
"강선대에서 바라보는 강은 그 어디에도 비교할 수 없을 만큼 아름답다합니다."
"초선대보다도 말입니까?"

거등왕이 눈을 반짝거렸어.

"신선이 목욕을 하고 거닐다 간다고 하니 풍광이 짐작되시지요. 거등왕께서도 강선대에서 목욕을 하시면 신선이 된 것 같으실 겁니다."

칠점선인이 장난스럽게 말했어. 거등왕은 칠점선인과 더 오랜 시간을 함께하며 지혜를 얻고 싶던 터라 잘 되었다 싶었지. 그래서 둘은 강선대로 갔어. 건모라는 큰 마을, 큰 성이라는 뜻이래. 지금은 건모라의 건이 사라지고 모라만 남아 모라동이 되었대. 밝은 태양이 강선대를 환히 비추었어. 칠점선이 거문고 연주를 하고 거등왕과 칠점선인은 강의 풍광을 감상했단다.

"올해는 풍년이 들겠습니다."

칠점선인이 말했어.

"어찌 아십니까?"

거등왕이 눈을 번쩍 뜨고는 물었지.

"지난겨울에 처마에 달린 고드름이 길었으니까요."
"고드름이 길게 달리면 풍년이 듭니까?"
"고드름이 짧고 적게 달릴 때는 시절이 안 좋았거든요."
"우리 가락국 백성들이 배불리 먹고 평화롭게 살려면 배가 불러야지요. 풍년이 들어야 하니 올겨울에 처마에 물을 부어 고드름을 길게 달리게 해야겠습니다."

백성을 사랑하는 거등왕의 마음에 감복하여 칠점선인은 존경의 뜻으로 깊게 고개 숙였지. 거등왕은 칠점선인의 말을 받아들여 자연스럽게 나라를 다스렸고 백성들은 자연스럽게 이를 받아들여 살았대. 덕분에 백성들은 평안하고 화평하게 살 수 있었지.

세월이 흐르고 흘러 칠점선인도 거등왕도 세상을 떠났어.
고려시대 후기 문신이며, 금주사록을 지낸 안축이 탄 배가 칠점산을 지나가고 있었어. 세차게 달리던 배는 칠점산 앞에서 속도를 늦추었지.

"저곳이 칠점선인이 살던 칠점산이로구나!"

안축은 칠점산을 보며 고개를 숙였어. 그러고는 시 한 수를 지었지.

> 바다 문 천 리에 물이 하늘에 떠 있으니
> 일곱 점 푸른 봉우리 안개 속에 아득하네
> 이곳이 바로 금선이 살던 곳
> 배 타고 가는 길 총총히 하지 말게

세월이 흐르고 또 흘렀어. 정몽주도 칠점산을 지나가게 되었어.

"저곳이 신선이 살던 칠점산이로구나."

정몽주는 두 손을 모아 칠점산에 절하고는 시를 지었어.

> 칠점산 앞에는 저녁 안개 가로질러
> 삼차강 나룻가엔 푸른 물결 일구나.
> 2월 봄바람에 김해 오는 나그네
> 강남 떠난 제비 다시 찾는 것 같구나.

세월이 흐르고 또 흘렀어. 낙동강 하구로 흘러 내려온 토사가 낙동강 삼각주를 만들었어. 바다였던 곳이 육지로 바뀌었지. 일곱 갯바위 칠점산이 있던 바다는 넓은 강서 들판이 되었어. 낙동강 하구 세 줄기 물길인 삼차수가 기름진 강서 평야의 뿌리가 된 거야.

설화 속 어린이 그림 작가

작가의 말	한솔학교 변영민	4·5쪽
	한솔학교 김예지	4·5쪽
내 복에 산다	명호초등학교 3학년 장연서	11쪽
	남명초등학교 2학년 박혜민	20쪽
장님과 앉은뱅이 형제	녹산초등학교 3학년 이서진	24쪽
	녹산초등학교 6학년 김수빈	32쪽
	녹산초등학교 5학년 양재혁	34쪽
풍상산과 백 살 할머니	남명초등학교 4학년 박태윤	44쪽
	송정초등학교 6학년 김태승	47쪽
순아도와 처녀골	남명초등학교 5학년 배시연	51쪽
명지도와 공민와 어필	소정초등학교 5학년 김효린	64쪽
네 장군 바위	남명초등학교 2학년 홍태인	81쪽
	명호초등학교 3학년 이준민	83쪽
산신령이 도운 효자	명원초등학교 2학년 엄준수	87쪽
	명원초등학교 4학년 류가영	92쪽
일곱 갯바위 칠점산	명원초등학교 4학년 정수아	99쪽
	명원초등학교 3학년 김려하	108쪽

"세상 모든 것에 감탄하는 지혜로운 사람들의 공간"
도서출판 호밀밭

명지도와 공민왕 어필
ⓒ 2023, 박혜자

지은이	박혜자
일러스트	이유진
초판 1쇄	2023년 01월 30일
편집	박정오 책임편집, 민지영, 임명선
디자인	최효선 책임디자인, 박규비, 전혜정
미디어	전유현
경영지원	김태희, 최민영
마케팅	최문섭
종이	세종페이퍼
제작	영신사
펴낸이	장현정
펴낸곳	호밀밭
등록	2008년 11월 12일(제338-2008-6호)
주소	부산 수영구 연수로 357번길 17-8
전화, 팩스	051-751-8001, 0505-510-4675
전자우편	homilbooks@naver.com

Published in Korea by Homilbooks Publishing Co, Busan.
Registration No. 338-2008-6.
First press export edition January, 2023.

Author Park, Hye ja
ISBN 979-11-6826-095-5   73810

※ 가격은 겉표지에 표시되어 있습니다.
※ 이 도서에 실린 글과 이미지는 저자와 출판사의 허락 없이 사용할 수 없습니다.
※ 이 책의 일부 작품은 『옛이야기밥』(호밀밭, 2017)에 실린 작품을 재수록하였습니다.